Dem lieben Geburtstagskind

zu Ehren:
Ein Gästebuch zur Erinnerung
an Deinen besonderen Tag!

Ort & Datum

Name

Wünsche

Das schönste Foto

Name

Wünsche

Das schönste Foto

Name

Wünsche

Name

Wünsche

Das schönste Foto

Name

Wünsche

Das schönste Foto

Name

Wünsche

Name

Wünsche

Das schönste Foto

Name

Wünsche

Name

Wünsche

Name

Wünsche

Name

Wünsche

Das schönste Foto

Name

Wünsche

Das schönste Foto

Name

Wünsche

Das schönste Foto

Name

Wünsche

Name

Wünsche

Das schönste Foto

Name

Wünsche

Das schönste Foto

Name

Wünsche

Das schönste Foto

Name

Wünsche

Das schönste Foto

Name

Wünsche

Das schönste Foto

Name

Wünsche

Das schönste Foto

_____
Name

Wünsche

_____
_____
_____
_____
_____
_____

Das schönste Foto

Name

Wünsche

Das schönste Foto

_____
Name

Wünsche

_____

_____

_____

_____

_____

Name

Wünsche

Das schönste Foto

Name

Wünsche

Das schönste Foto

Name

Wünsche

Das schönste Foto

Name

Wünsche

Das schönste Foto

Name

Wünsche

Das schönste Foto

Name

Wünsche

Das schönste Foto

_____
Name

Wünsche

_____
_____
_____
_____
_____
_____

Name

Wünsche

Das schönste Foto

Name

Wünsche

Das schönste Foto

Name

Wünsche

Das schönste Foto

Name

Wünsche

Das schönste Foto

Name

Wünsche

Das schönste Foto

Name

Wünsche

Das schönste Foto

Name

Wünsche

Das schönste Foto

Name

Wünsche

Das schönste Foto

Name

Wünsche

Das schönste Foto

Name

Wünsche

Das schönste Foto

Name

Wünsche

Das schönste Foto

Name

Wünsche

Das schönste Foto

Name

Wünsche

Name

Wünsche

Das schönste Foto

Name

Wünsche

Das schönste Foto

Name

Wünsche

Das schönste Foto

Name

Wünsche

Das schönste Foto

Name

Wünsche

Das schönste Foto

Name

Wünsche

Das schönste Foto

Name

Wünsche

Das schönste Foto

Name

Wünsche

Das schönste Foto

Name

Wünsche

Das schönste Foto

Name

Wünsche

Das schönste Foto

Name

Wünsche

Das schönste Foto

Name

Wünsche

Das schönste Foto

Name

Wünsche

Das schönste Foto

Name

Wünsche

Das schönste Foto

_____
Name

Wünsche

_____
_____
_____
_____
_____
_____

Das schönste Foto

Name

Wünsche

Das schönste Foto

Name

Wünsche

Das schönste Foto

Name

Wünsche

Das schönste Foto

_____
Name

Wünsche

_____
_____
_____
_____
_____
_____

Das schönste Foto

Name

Wünsche

Das schönste Foto

Das schönste Foto

Name

Wünsche

Das schönste Foto

Name

Wünsche

Das schönste Foto

Name

Wünsche

Das schönste Foto

Name

Wünsche

Das schönste Foto

Name

Wünsche

Das schönste Foto

Name

Wünsche

Das schönste Foto

Name

Wünsche

Das schönste Foto

Name

Wünsche

Das schönste Foto

Das schönste Foto

Name

Wünsche

Das schönste Foto

Name

Wünsche

Das schönste Foto

Name

Wünsche

Name

Wünsche

Das schönste Foto

Name

Wünsche

Das schönste Foto

Name

Wünsche

Das schönste Foto

Name

Wünsche

Das schönste Foto

Name

Wünsche

Das schönste Foto

Name

Wünsche

Das schönste Foto

Name

Wünsche

Das schönste Foto

Name

Wünsche

Name

Wünsche

Das schönste Foto

Name

Wünsche

Das schönste Foto

Name

Wünsche

Das schönste Foto

Name

Wünsche

Das schönste Foto

Name

Wünsche

Das schönste Foto

Printed in Poland
by Amazon Fulfillment
Poland Sp. z o.o., Wrocław